DISCOURS

BIGARRÉ

A l'aportée des Campagnards,

PRONONCÉ

Par un homme grisâtre dans une Commune d'affreuse couleur.

DES traîtres avoient livré à l'ennemi le plus important de nos Ports. Les Espagnols & les Anglais y avoient rassemblé des forces imposantes. Des prêtres réfractaires, des émigrés s'étoient réunis à ces hordes d'esclaves. Les uns & les autres se flatoient au moyen de cette clef, de s'ouvrir un passage sur notre territoire, pour aller se joindre aux brigans de la Vendée, & porter avec eux, le fer & le feu dans toutes les parties de la République.

Retranchés jusqu'aux dents, sur des hauteurs herissées de canons, ils s'y regardoient comme invincibles. Ils ne savoient pas, les téméraires, que la France avoit une montagne qui domine toutes celles de l'Europe. Ils comptoient sur leur tactique & sur l'inexpérience de nos jeunes guerriers. Vils esclaves, ils ne sentoient n'y ne pou-

voient fentir que des hommes libres qui déffen-
dent leur patrie ne s'arrêtent pas à calculer les
dangers & furmontent tous les obftacles.

Le bruit s'étant repandu que les toulonnois
s'étoient vendus aux tyrans coalisés, les patriotes
fremiffent de rage, toutes nos légions demandent à marcher fur cette ville infâme. De nom-
breux bataillons fe raffemblent autour de fes
murs. L'ennemi fe reconnoît fupérieur en nom-
bre, hafarde une fortie. L'intrépidité des Répu-
blicains le force à la retraite ; dès-lors, il appelle
à fon fecours tous les brigands de fa ligue, il lui
en arrive de toutes parts. Nos braves fans culotes
jaloux de recouvrer une propriété fi exécrable-
ment ufurpée, demandent chaque jour, quand
viendra celui ou il leur fera permis de venger
la plus noire des perfidies !

Ce jour arrive enfin. Le fignal de l'attaque eft
donné, quelques-uns de nos Repréfentans à la
tête de nos cohortes, font entendre le cri de vive
la République, & bien-tôt la République eft
victorieufe. Les esclaves des rois, à la faveur des
rochers & des murs qui les féparent des Répu-
blicains refiftent quelque - temps à leurs coups ;
mais nos intrepides guerriers impatiens de vain-
cre, graviffent les rochers, grimpent, escala-
dent les murs & font près d'atteindre l'ennemi,
qui, furpris & faifi d'une frayeur mortelle, aban-
donne précipitamment fon pofte & ne fait plus

que fuir. Dans la rage & le défespoir, ces brigands commettent dans leur fuite toutes les horreurs que leur barbarie leur inspire. Arrivés au port, ils mettent le feu à nos vaiffeaux. Bien-tôt les flammes atteignent les nues, la mer paroît être embrafée, les élémens femblent fe confondre, nos ennemis entre le fer, l'eau & le feu, ne favent plus ou fe mettre. Quelques-uns moins troublés parviennent à rejoindre leur bord, les autres plus effrayez fe jettent à la mer & y trouvent une mort digne de leurs forfaits. C'eft ainfi qu'ils font forcés de rendre à la valeur de nos foldats le port de Toulon qu'ils avoient conquis par la perfidie, leur arme ordinaire. *Vive là République.*

Dans ce tems trop peu reculé ou un defpote nous commandoit avec fa verge de fer & ou, par le plus aveugle des préjugés, la naiffance mettoit de la différence entre les hommes, dans ce tems, dis-je, où nous étions bêtement les efclaves de ces foi-difans grands, & qui ne nous furpaffoient qu'en baffeffes, nous favions nous batre & nous nous ba tions mal. Devenus libres, à peine fommes-nous fortis de nos foyers que nous favons tous commander, nous favons tous obéir. Si le tyran demandoit un homme par Commune, tous fuyoient, tous fe cachoient il étoit obligé d'en faire faire la chaffe & une fois pris, de les tenir enchaînés jusqu'à leur deftination. En partant , ils inondoient leurs parens de leurs larmes , & leurs parens les arrofoient des leurs.

La République demande-t-elle cent hommes ? il s'en préfente mille qui fe difputent la gloire de la fervir. Le père voit partir fon fils avec plai-fir , le fils fe fépare gayement de fon père. Un Français quand il étoit efclave , batoit un autre efclave & en étoit batu à fon tour. Aujourd'hui , un Français parcequ'il eft libre , terraffe dix efclaves. Oh l'heureufe métamorphofe , tel eft l'effet de la Liberté , elle donne à l'homme toute l'énergie que fa nature peut comporter , & le rapproche de la divinité jufqu'aux barrières qui féparent la créature du créateur. *Vive la Liberté.*

Si nos ennemis ont eu quelques fuccès , c'eft parcequ'ils avoient des amis parmi nous. Ils n'y en ont plus , ou n'y en ont que peu , ils ne peuvent plus nous refifter , & s'il en refte encore quelques-uns de ces enfans denaturés pour dechi-rer le fein de leur mère , des fentinelles vigilantes & fideles placées au fommet de la montagne Ré-publicaine,ne manqueront pas de les appercevoir & auffi-tôt ils feront écrafés par la foudre de la vengence Nationale.

Je vous ai entendu quelque-fois, mes concito-yens , murmuer contre la maffe des contributions. Ne fentez-vous pas que les dépenfes énormes que ñous fommes obligés de faire pour affermir notre liberté nécessitent une levée extraordinaire de contributions ? ne croyez pas qu'elle excéde les besoins de la République , fi nous n'avions pas eu d'autre reffources , depuis long-tems nous ferions chargés de chaînes. Imaginez-vous que lorsque vous donnez au percepteur un affignat de cent fols , vous lancez un boulet fur le camp ennemi , ou que vous envoyez une paire de fouliers à votre fils, qui eft nud pied dans la neige. Une fois penetrés de cette vérité, chacun de vous s'empreffera de payer fa taxe & la payera joyeufe-ment.

Vous avez cru ; mais ceffez de croire que le ciel en courroux nous puniffoit par la difette des fubfiftances , pour avoir banni de notre territoire des ministres infidelles d'un culte ridicule & pour avoir condamné à mort des prêtres , qui pour nous réenchaîner & recouvrer leur opulence, ont employé leurs forces phifiques , le talifman de la fuperftition & tous les ftratagêmes de la fourberie & de l'impofture.

Depuis trois ans , de puiffants ennemis de notre révolution accaparoient à grand fraix tous les objets de première néceffité , & pour nous reduire par la faim ; ces monftres livroient à la putrefaction les grains qui font notre principale nourriture. Des généraux traîtres livroient également nos magafins à l'ennemi. C'eft-là la véritable caufe de la difette qui nous afflige.

Nous allons mettre fous les yeux de nos Repréfentans qui font auffi nos pères, le tableau de nos befoins, il intéreffera leur tendreffe comme leur juftice, & ils s'emprefferont de nous procurer tous les fecours qui font à leur difpofition.

En attendant ces fecours, il faut que celui qui a des vivres en fourniffe à celui qui n'en a pas; il faut qu'aucun ne mange trop, afin que chacun puiffe manger affez.

Vous n'avez plus, citoyens, *de monfieur le curé*. C'eft pour vous une privation qui m'a paru vous donner de vives inquiétudes. Vous avez cru que parce que vous n'auriez plus de prêtres, vous n'auriez plus de religion. Detrompez-vous, vous aurez toujours le même dieu à fervir, vous le fervirez par vous-mêmes, & par conféquent mieux. Dieu n'exige de vous d'autre offrande que celle d'un cœur pur & d'une confcience nette. Vous ne payerez plus un homme peut-être moins pur que vous pour faire magiquement au créateur des facrifices qu'il dedaigne. Vous implorerez immédiatement la clémence de l'Être-Suprême & pour lui être agréables, il vous fuffit d'obferver ce précepte que la nature à gravez dans vos cœurs. FAIS A AUTRUI COMME TU VOUDROIS QU'IL TE FUT FAIT ; c'eft-là la bafe de toutes les religions, & fi elles different entr'elles, ce n'eft que par des formes plus ou moins fupertitieufes , plus ou moins ridicules & toutes inutile.

On vous préfentoit comme un dieu un homme crucifié, une femme comme vierge & mère tout-à la fois , comme faints , des rois, des papes, des évêques , des prêtres, des moines & cœtéra canailla. C'étoit aux fimulacres de ces perfonnages célébres par leur aftuce , par la fourberie , l'hypocrifie & l'impofture que vous adreffiez vos vœux & vos prières.

Le vrai, l'unique dieu, le créateur de toutes chofes vous étoit prefque étranger , vous n'ofiez aborder fon fanctuaire, parce qu'on vous peignoit ce dieu de miféricorde comme un tyran toujours en colère qui ne refpire que la vengeance, tandis que fa bonté infinie s'occupe fans ceffe de votre confervation & de votre bonheur ; c'eft à lui feul que font dus vos hommages. Devant lui feul , vous dévez confeffer vos fautes & lui feul peut vous en accorder le pardon.

C'eft cependant à des ftatues , qui repréfentent des fanatiques ou des hommes plus adroits que les autres & qui furent les tromper , que vous avez prodigué des actes de vénération ; je puis même dire d'adoration. C'eft devant des hommes autant ou plus coupables que vous, que vous avez fléchi le genouil , pour faire l'aveu de vos crimes. C'eft de ces mêmes hommes que vous avez cru ca obtenir la remiſſion. Ouvrez enfin dès yeux trop long-temps fermés à la lumière, ſachez diſtinguer la créature du créateur. Méfiez-vous du ſourbe qui vous dira : je ſuis un délégué de dieu ſur la terre. J'ai le pouvoir de remettre vos péchés, je peux délivrer les ames condamnées dans l'autre monde à des peines limitées. Je peux diſſiper les nuages, éloigner la foudre, préſerver vos champs & vos récoltes de toute ſorte de vimaires. J'ai un petit ſaint, par la vertu duquel je peux rendre fe-conde une femme qui aura été quelque tems ſte-rile, j'ai une ſainte relique qui guérit du mal de ventre, j'ai une pierre ſacrée qui guérit du mal-de-dent ; mais pour tout cela, il faut des bénédic-tions, des aſperſions, des prières & vous ſavez que le prêtre vit de l'autel. N'écoutez pas ce charla-tan, cet impoſteur, il en veut à votre bourſe, & au lieu de la lui deployer, vous devez le denoncer aux Autorités conſtituées, d'abord, comme un fripon, & enſuite comme un homme dangereux qui cherche à entretenir le fanatiſme, ſource de tant de maux. Reconnoiſſez, chers concitoyens, l'injure que vous avez faite à votre créateur en rendant à des mannequins, des hommages qui n'étoient dûs qu'à lui ; reduiſez en cendres ces ſta-tues, ces images dont juſqu'ici vous vous êtes fait gloire de décorer des temples élevés en l'honneur de la divinité. Ne laiſſez plus ſur vos places pu-bliques, ſur les chemins qui traverſent votre ter-

ritoire ces gibets à la juifve, enſeigne de la ſuperſ-
tition, ſubſtituez-leur des emblêmes de la Liberté
afin que le paſſant puiſſe dire : ici les hommes ſont
libres, & le fanatiſme n'y règne pas. En un
mot, chers concitoyens, ſi vous voulez arriver à
la gloire céleste, ne vous adreſſez pas à un prêtre pour en apprendre la route, il ne vous indi-
quera que des chemins tortueux & raboteux,
dont vous ne verrez jamais le bout. Prenez la juſ-
tice pour guide vous y parviendrez en droiture,
parce que devant elle, marche toujours le flam-
beau de la Raiſon.

A BRIVE,

De l'Imprimerie du Citoyen J. ROBIN,
l'an 2 de la République Françaiſe, une & indi-
viſible ; 1794.